Winter
1709

Szenario
NATHALIE SERGEEF

Zeichnungen & Szenario
PHILIPPE XAVIER

Farben
JEAN-JACQUES CHAGNAUD

Nach einer Idee von PHILIPPE XAVIER

SPLITTER

DER SPANISCHE ERBFOLGE-
KRIEG ZIEHT SICH HIN.

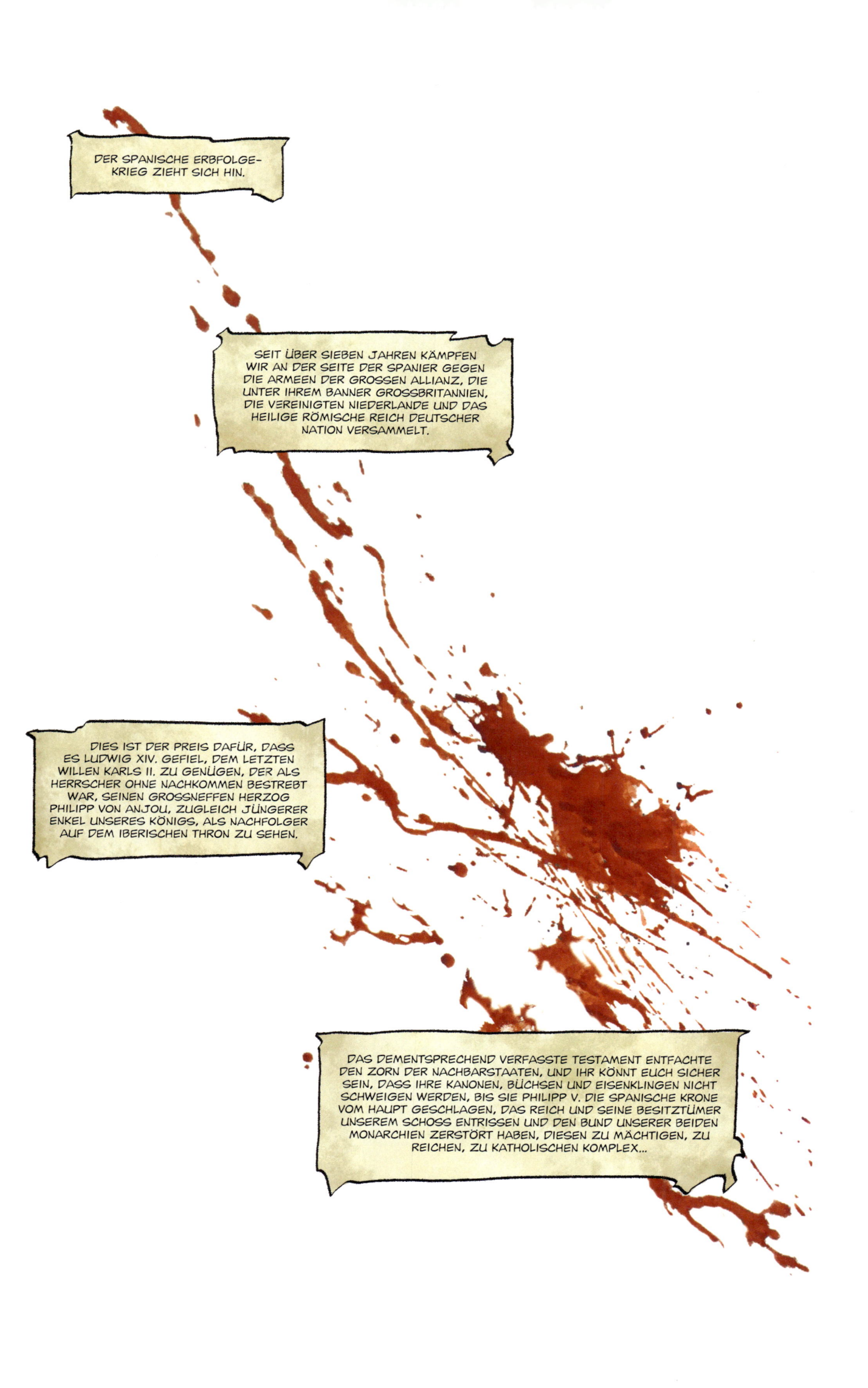

SEIT ÜBER SIEBEN JAHREN KÄMPFEN
WIR AN DER SEITE DER SPANIER GEGEN
DIE ARMEEN DER GROSSEN ALLIANZ, DIE
UNTER IHREM BANNER GROSSBRITANNIEN,
DIE VEREINIGTEN NIEDERLANDE UND DAS
HEILIGE RÖMISCHE REICH DEUTSCHER
NATION VERSAMMELT.

DIES IST DER PREIS DAFÜR, DASS
ES LUDWIG XIV. GEFIEL, DEM LETZTEN
WILLEN KARLS II. ZU GENÜGEN, DER ALS
HERRSCHER OHNE NACHKOMMEN BESTREBT
WAR, SEINEN GROSSNEFFEN HERZOG
PHILIPP VON ANJOU, ZUGLEICH JÜNGERER
ENKEL UNSERES KÖNIGS, ALS NACHFOLGER
AUF DEM IBERISCHEN THRON ZU SEHEN.

DAS DEMENTSPRECHEND VERFASSTE TESTAMENT ENTFACHTE
DEN ZORN DER NACHBARSTAATEN, UND IHR KÖNNT EUCH SICHER
SEIN, DASS IHRE KANONEN, BÜCHSEN UND EISENKLINGEN NICHT
SCHWEIGEN WERDEN, BIS SIE PHILIPP V. DIE SPANISCHE KRONE
VOM HAUPT GESCHLAGEN, DAS REICH UND SEINE BESITZTÜMER
UNSEREM SCHOSS ENTRISSEN UND DEN BUND UNSERER BEIDEN
MONARCHIEN ZERSTÖRT HABEN, DIESEN ZU MÄCHTIGEN, ZU
REICHEN, ZU KATHOLISCHEN KOMPLEX...

GRIESGRÄMIGE ODER FRIED-
LIEBENDE GEISTER MÖGEN EUCH
VORJAMMERN, WIE DIESER FELD-
ZUG FRANKREICH, SEIN VOLK UND
SEINE FINANZEN AUFZEHRT.

ABER AUCH DIE JÜNGSTEN NIEDERLAGEN
UND DIE SCHULDEN WERDEN UNSEREN ZÄHEN
REGENTEN, DEN MANCHE NARREN ALS GREIS
BEZEICHNEN, NICHT DAVON ABHALTEN, DEN
MILITÄRISCHEN ANGRIFFEN UND DEMÜTIGENDEN
FRIEDENSANGEBOTEN ZU WIDERSTEHEN...

... SIE WERDEN AUCH NICHT UNSERE
TREUE BEZWINGEN, SELBST WENN
AM ENDE DIESES HERBSTES DIE
VERLORENEN KÄMPFE IN FLANDERN
AUF UNS LASTEN.

DIE SPANISCHEN NIEDERLANDE WURDEN VON DEN
FEINDLICHEN TRUPPEN EINGENOMMEN, DIE IM
ANSCHLUSS DARAN VON HERZOG MARLBOROUGH
UND PRINZ EUGEN BIS NACH LILLE GEFÜHRT
WURDEN, DAS SIE IN BESITZ NAHMEN.

AM VIERTEN TAG IM DEZEMBER HABEN
WIR UNSER WINTERQUARTIER BEZOGEN, BIS
WIR IM FRÜHLING WIEDER KÄMPFEN.

ZUMINDEST JENE,
DIE DIE PRÜFUNGEN
ÜBERLEBEN WERDEN,
DIE UNS DER HIMMEL
AUFERLEGT HAT...

IN DER NACHT DES DREIKÖNIGSFESTES IST EINE
MÖRDERISCHE KÄLTE ÜBER FRANKREICH HEREIN-
GEBROCHEN UND HAT DAS LAND, DIE FELDER,
DIE FLÜSSE UND BÄCHE ERSTARREN LASSEN. DIE
ERDE, DIE DIE SAAT FÜR DIE NÄCHSTE ERNTE
BEDECKT, IST NUR NOCH BRAUNES EIS. WIR SIND
VOM HUNGERTOD BEDROHT.

DAS LEBENSWICHTIGE GETREIDE FÜR DAS VOLK UND DIE SOLDATEN WIRD RAR. BALD SCHON WIRD ES BEGEHRTER SEIN ALS GOLD, KOSTBARER ALS DIE JUWELEN DER KURTISANEN.

NUN ÜBERLASSE ICH ES ANDEREN, EUCH DEN FORTGANG ZU BERICHTEN, DENN ICH, EINFACHER UND ANONYMER SOLDAT, UNTERWEGS AUF DER SUCHE NACH SEINEN LEUTEN, ICH BIN NICHT MEHR.

DER HARTE WINTER HAT BEREITS SEINE KLAUEN IN MEINEN LEIB GEGRABEN...

WINTER 1709
BUCH 1

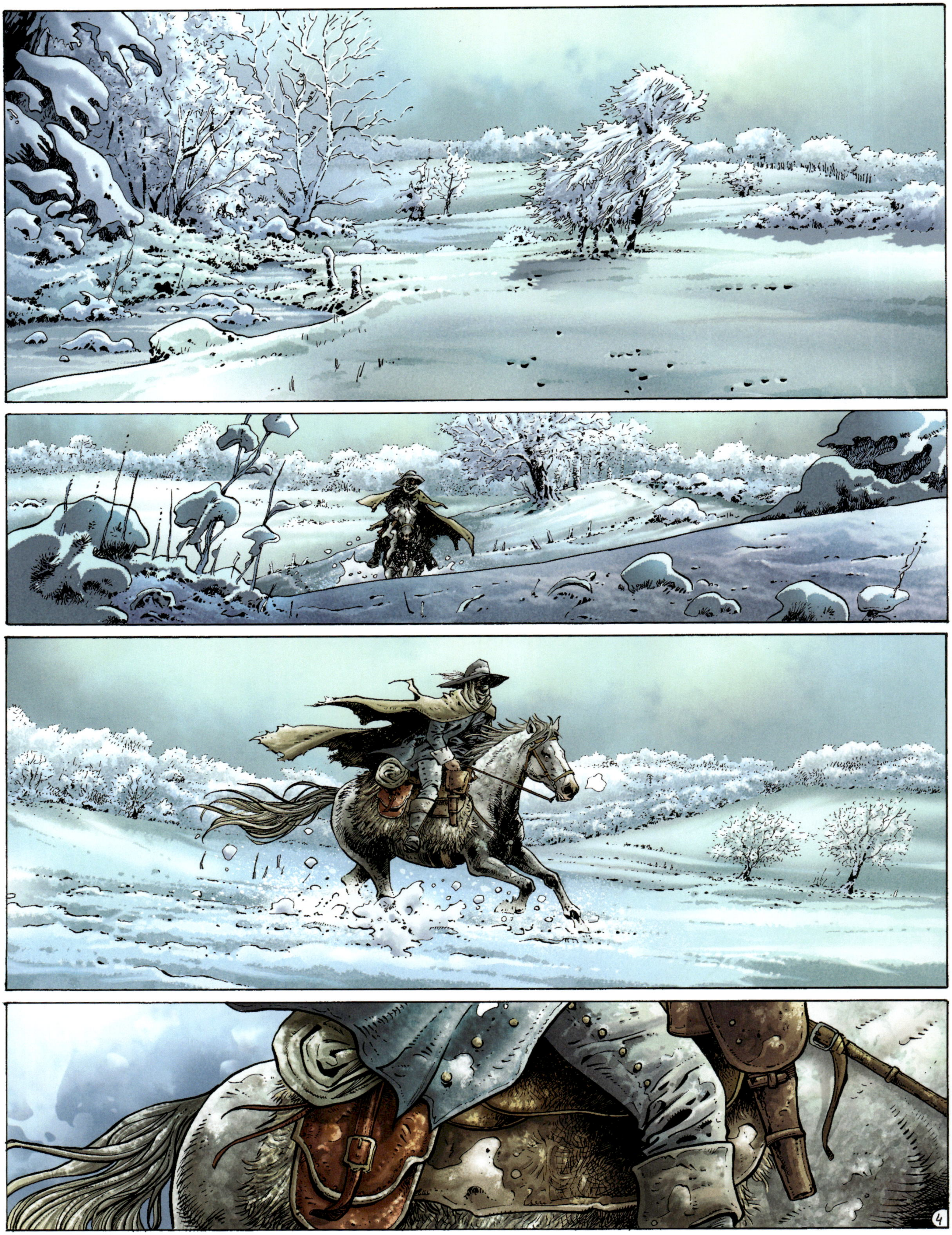
4

KRAK

DANKE. OHNE EUCH...

OHNE MICH, FREUND...

...HÄTTE ES EIN BÖSES GEMETZEL UND HEIL- LOSES DURCHEINANDER GEGEBEN.

MIT DEM FETTGERUCH IN DER NASE KRIEG ICH NOCH GRÖSSEREN KOHLDAMPF.

WO HAT ER DAS TIER HER?

ICH WÜRDE SOGAR DIE RESTE ABNAGEN, DIE AN DEN HOLZ- SCHEITEN KLEBEN.

SEHT MAL! DER KERL HAT FERTIG GESCHLEMMT.

GEHEN WIR!

DAS BESTE STÜCK FÜR DEN, DER ZUERST DA IST!
AAHH
WARTET AUF MICH!
DONNERLITTCHEN! DAS BESTE FLEISCH, DAS ICH JE GEGESSEN HAB.
KEINE BEWEGUNG, ODER WIR KNALLEN EUCH AB, IHR AASGEIER!
8

GNADE, LASST UNS DIESEN SACK...

WIR WOLLTEN IHN DEM PFARRER ZUR VERTEILUNG GEBEN.

WIR SIND EHRBARE LEUTE.

WER IMMER GETREIDE VOR DEN KONTROLLEN VERSTECKT, IST DER SPEKULATION VERDÄCHTIG.

FREUT EUCH ALSO ÜBER DIESE BESCHLAGNAHMUNG, DENN ICH HÄTTE DAS RECHT, EUCH STRENGER ZU BESTRAFEN...

HAUPTMANN!

DIE PATROUILLE IST ZURÜCK. ES IST ETWAS... ERNSTES... ENTSETZLICHES PASSIERT...

WAS GIBT'S?

EIN UNGLÜCK IST GESCHEHEN!

DER LEIBHAFTIGE IST UNTER UNS!

ALLMÄCHTIGER!

DA IST DER PFARRER!
WIR HATTEN KEINE AHNUNG!
DER MÖNCH, ER WAR ES! WIR HABEN'S GESEHEN!
OH!
ABSCHEULICH!
TEUFLISCH!
HERR, GIB UNS DIE KRAFT, DIESES UNSAGBARE VERBRECHEN ZU AHNDEN. DIE BESTRAFUNG DER VERDORBENEN SEELEN, SO JUNG SIE AUCH SEIN MÖGEN, IST DER EINZIGE WEG ZUM HEIL.
GUILLAUME!
VERBRENNT SIE BEI LEBENDIGEM LEIBE! ÄSCHERT SIE EIN! BEFREIEN WIR UNS VON DEN DÄMONISCHEN KRÄFTEN!
TÖTET SIE! TÖTET SIE!
10

DIESER MANN IST WIE EIN REITER GEKLEIDET. HABT IHR SEIN PFERD NICHT GEFUNDEN?
DA WAREN HUFSPUREN, ABER ENTDECKT HABEN WIR IHN SO, ALLEIN UND IN DIESEM ZUSTAND.
SEHT IHN AN! KEINE NOT RECHTFERTIGT EINE SOLCHE BARBAREI. UND EINEN MANN GOTTES ZU BEZICHTIGEN, UM SICH DEM URTEIL ZU ENTZIEHEN, IST SCHÄNDLICH, EIN WEITERER BEWEIS FÜR DEN EINFLUSS DES BÖSEN AUF EUREN GEIST.
WIR SIND UNSCHULDIG.
SIE SIND VERLOREN. LASST VOR MEINEN SCHÄFCHEN GERECHTIGKEIT WALTEN, BEVOR SIE ES SELBST IN DIE HAND NEHMEN.
HOFFT NICHT AUF EINEN SCHEITERHAUFEN, MEIN VATER.
DANN SAGT IHNEN, DASS SIE DAS FEUERHOLZ FÜR IHREN HERD AUFBEWAHREN SOLLEN. ABER VOLLSTRECKT DAS URTEIL, EHE IHR ZORN EXPLODIERT.
TADAM TAM
AUFHÖREN!
NEIN, NEIN! LASST SIE...
KOMM HER, DU!
11

ICH HAB IHN NICHT ANGE-RÜHRT.
ICH BIN IM WALD HIN-GEFALLEN. ICH HAB DIE SOLDATEN GESEHEN...
ICH BIN DAGEBLIEBEN.
UND DER MÖNCH?
ER IST MIT DEM PFERD IN RICHTUNG MÜHLENBUSCH GEGANGEN.
WERDEN SIE IHNEN HELFEN?
ES IST ZU SPÄT.
ICH KANN NICHTS MEHR FÜR SIE TUN.
ABER GLAUB MIR, KLEINER! DIESER SCHLÄCHTER WIRD FÜR IHREN TOD UND DEN VON GUILLAUME BEZAHLEN...
SOBALD ER MIR WIEDERGEGEBEN HAT, WAS DER KRONE GEHÖRT...
12

VERSAILLES.

ZWEI WOCHEN ZUVOR.

MEINE RESSOURCEN IN SACHEN VERPFLEGUNG UND FINANZEN SIND ZWEIFELLOS WEITREICHEND. ABER DIESER WINTER HAT UNS HINTERRÜCKS ERWISCHT, UND WIR WISSEN, DASS DIE SPEICHER UNSERER FEINDE BESSER GEFÜLLT SIND.

UNSERE AUSGEHUNGERTEN SOLDATEN WERDEN GUT GENÄHRTE TRUPPEN SCHLAGEN MÜSSEN. AUCH TAPFERE HERZEN HABEN IHRE GRENZEN, WIE EINEN LEEREN MAGEN, EINEN TRÜBEN BLICK UND SCHWANKENDE BEINE.

WAS DAS VOLK ANGEHT, OHNE BROT WIRD ES SEINEM HERRSCHER KEINE HILFE SEIN.

IHR HABT RICHTIG DARAN GETAN, UM EINE AUDIENZ ZU BITTEN. EURE SACHE WIRD OHNE ZWEIFEL AUCH DIE UNSERE SEIN.

ICH BIN HIER, WEIL MEIN VATER OFT EUREN SINN FÜR HANDEL UND FINANZEN GERÜHMT HAT, MONSIEUR BERNARD.
IHR SCHMEICHELT MIR.
ALLERDINGS HÄTTE ICH OHNE MÄNNER SEINES SCHLAGS NICHTS ZU VERKAUFEN ODER ZU ERSTEHEN GEHABT.
WIR HABEN UNS 1694 IN ÄHNLICH FURCHTBAREN ZEITEN KENNENGELERNT. DER KRIEG WÜTETE, UND DER HUNGER TÖTETE NOCH MEHR.
ICH HANDELTE MIT DER BEUTE VON KORSAREN UND WAR BEREITS MIT DEM ANKAUF VON WEIZEN IM AUSLAND BEAUFTRAGT. JEAN BART BEFEHLIGTE DIE FÜR DEN TRANSPORT ANGEHEUERTE FLOTTE. DER FREIBEUTER UND SEINE MANNSCHAFT UMGINGEN MIT BRAVOUR DIE ENGLISCHE UND HOLLÄNDISCHE BLOCKADE. UND SO ERHIELTEN WIR GROSSE MENGEN AN GETREIDE WIE AUCH ANDERER NAHRUNGSMITTEL.
EUER VATER WAR EINER SEINER LEUTNANTE, FÜR DEN ICH UMGEHEND GROSSE SYMPATHIE EMPFAND.
UND IHR TRETET NUN IN SEINE FUSSSTAPFEN?
ICH BIN WEIT DAVON ENTFERNT! UNSERE MANNSCHAFT BESCHRÄNKT SICH AUF MEINEN GEHILFEN GUILLAUME LE CADET UND MICH SELBST. UND DIE SCHIFFE DIENEN NUR DAZU, UNS VON EINEM VIELVERSPRECHENDEN ORT ZUM NÄCHSTEN ZU BRINGEN, OHNE LÄNGER ALS NÖTIG AN BORD ZU BLEIBEN.
14

ACH JA, TROTZ DER EISIGEN TEMPERATUREN GIBT ES DOCH EINIGE HÜBSCHE VORZÜGE, DIE SICH INNERHALB DIESER MAUERN ENTFALTEN.

DER KÖNIG HAT DIE RATSSITZUNG BEENDET.

SEHT NUR, WIE SICH DIESE VERFLUCHTEN ROTHACKEN* DRÄNGELN, UM BEIM MITTAGSMAHL DES KÖNIGS IN DER ERSTEN REIHE ZU SITZEN.

AH, DA IST JA DER WEIN. ER WIRD KAUM ZEIT HABEN ZU TAUEN!

WÄHREND DIE ELENDEN IHR LETZTES BROT MIT DER AXT ZERTEILEN...

DIE MINISTER WERDEN EUCH EMPFANGEN.

MONSIEUR SAMUEL BERNARD UND MONSIEUR LOYS ROHAN.

*HÖFLINGE, PRIVILEGIERTE ADLIGE, DIE NACH DEM VORBILD VON LUDWIG XIV. SCHUHE MIT ROTEN ABSÄTZEN TRUGEN.

NICOLAS DESMARETS, UNSERER OBERSTER FINANZPRÜFER, WIRD DIE UNTERREDUNG LEITEN. MICHEL CHAMILLART, UNSER STAATSSEKRETÄR FÜR KRIEGSANGELEGENHEITEN, WIRD EUCH AUFMERKSAM ZUHÖREN. DER ARMEELIEFERANT ANTOINE PÂRIS WIRD EBENFALLS ANWESEND SEIN.
TRETET NÄHER, LOYS ROHAN. ERZÄHLT UNS VON DIESEM GESCHENK DES HIMMELS.
ES HANDELT SICH UM EINE GROSSE LADUNG WEIZEN, DIE EIN KAPITÄN OHNE KAPERBRIEF VON EUREN FEINDEN ERBEUTET HAT. ERSTERER SUCHT NUN NACH EINEM KÄUFER, VORZUGSWEISE IN FRANKREICH, ABER NATÜRLICH NUR, WENN DER PREIS STIMMT.
ICH STEHE HIER IN MEINER EIGENSCHAFT ALS VERMITTLER, DER FÜR DIE EHRLICHKEIT DIESES VERKÄUFERS BÜRGT. DER WEIZEN IST VON GUTER QUALITÄT UND KRÄFTIG. DER KAPITÄN HAT ZWEI SCHIFFE VOLL. EINE GELEGENHEIT, DIE MAN NICHT VERPASSEN SOLLTE, MEINE HERREN.
DIE SACHE SCHEINT MIR IN DER TAT GÜNSTIG.
DENNOCH, WIRD DAS NICHT DEN HANDELSBEZIEHUNGEN SCHADEN, DIE IHR ZU EUREN PROTESTANTISCHEN PARTNERN IN FEINDLICHEM GEBIET AUFGEBAUT HABT, MONSIEUR BERNARD?
IM GEGENTEIL. EIN WENIG VIELFALT IM ANGEBOT BIETET MIR EINEN GRÖSSEREN VERHANDLUNGSSPIELRAUM... HUGENOTTEN ODER NICHT.
UND WAHRLICH, DIESE LIEFERUNG WÜRDE DIE PROBLEME MIT DEM WARENBESTAND IN DEN LAGERHÄUSERN DER ARMEE IN FLANDERN BEHEBEN. NICHT WAHR, MONSIEUR CHAMILLART?
JA, GEWISS, GEWISS...
DER ARME CHAMILLART IST ÜBERFORDERT.
16

UND WER IST DIESER »KAPITÄN«?

TEGUISE DER SALETINER. WIR HABEN IHN KÜRZLICH BEI UNSERER RÜCKKEHR AUS BRASILIEN AUF DEN KANAREN KENNENGLERNT.

EIN WENIG VERTRAUENERWECKENDER FREIBEUTERNAME...

ABER LETZTLICH LÄUFT NUR ER GEFAHR, VON DEN ALLIIERTEN ANGEGRIFFEN ZU WERDEN. UND IHR, UNSERE GUNST UND EUREN LOHN ZU VERLIEREN, DER SICHER ANSTÄNDIG IST.

BETRACHTET DAS GESCHÄFT ALS ABGEMACHT, ROHAN. WIR KAUFEN EUER KORN!

WO ERHALTEN WIR DIE LIEFERUNG? DIE LANDUNG MUSS DISKRET VERLAUFEN...

... UND DER ORT BIS ZUM LETZTEN MOMENT GEHEIM BLEIBEN. EURE HÄFEN WIMMELN VON SPIONEN UND GAUNERN. IM ÜBRIGEN IST ER MIR DERZEIT NOCH NICHT BEKANNT. TEGUISE ENTSCHEIDET, WO ER VOR ANKER GEHT, JE NACH STELLUNG DER FEINDLICHEN FLOTTE UND BESCHAFFENHEIT DER KÜSTE.

EINE SACHE IST ALLERDINGS SICHER: WIR WERDEN IHN SÜDLICH DER LOIREMÜNDUNG UND NÖRDLICH VON ROCHEFORT TREFFEN.

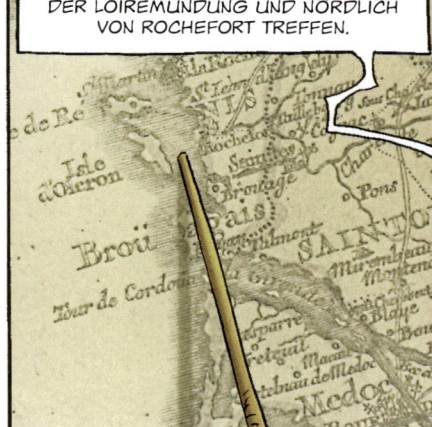

GUILLAUME IST DERZEIT IN NANTES, WO ER AUF EINE NACHRICHT DES SALETINERS WARTET, DIE UNS ÜBER DIE KOORDINATEN DES AUSGEWÄHLTEN ORTES INFORMIERT. ER WIRD MIR DIESE BOTSCHAFT AN EINEM TREFFPUNKT ÜBERGEBEN, DER NUR UNS BEIDEN BEKANNT IST, AN EINER STRASSE IN RICHTUNG KÜSTE, UND ZWAR IN GENAU VIERZEHN TAGEN.

GUILLAUME WIRD EUCH DANN DEN INHALT BEKANNTGEBEN, MONSIEUR PÂRIS, DAMIT IHR DEN TRANSPORT ORGANISIEREN KÖNNT...

WÄHREND ICH VIER TAGE ZEIT HABEN WERDE, UM ZU TEGUISES SCHIFF ZU GELANGEN UND IHM DEN VERKAUF ZU BESTÄTIGEN.

NACH ABLAUF DIESER FRIST WIRD ER DEN ANKER LICHTEN UND EINEN ANDEREN KÄUFER SUCHEN. DER KOSTBARE WEIZEN WÄRE VERLOREN...

NOCH IST NICHTS VERLOREN! ICH MUSS JETZT DEINEN MÖRDER SCHNAPPEN, GUILLAUME, UND MIR DIE BOTSCHAFT VON TEGUISE SICHERN.

HE, FREUND!

HAST DU EINEN MÖNCH AUF EINEM PFERD GESEHEN?

ICH WEISS NICHT, OB ER'S WAR, ABER ER TRUG EINE KUTTE.

RED WEITER...

ER HAT DEN WEG DEN FLUSS ENTLANG GENOMMEN.

AN EURER STELLE WÜRD ICH IHM NICHT FOLGEN. SEIT DER KÄLTE IST NIEMAND VON DORT ZURÜCKGEKOMMEN.

ICH HABE KEINE ANDERE WAHL...

... UND WENN ICH IHM IN DIE HÖLLE FOLGEN MÜSSTE!

?!

WAS IST DAS FÜR EINE METZELEI?

?!

ER HAT UNSEREN BRUDER WOLF GETÖTET, UNSEREN JAGDGEFÄHRTEN!

RÄCHEN WIR IHN!

RÄCHT IHN! VERSCHLINGT IHN, SO WIE IHN UNSER WOLF VERSCHLUNGEN HÄTTE!

DIE JAGD IN DIESEM GEBIET IST ALLEIN DEM ADEL VORBEHALTEN. IHR SEID WEDER ADELIG, NOCH SCHEINEN EURE SEELEN EDEL ZU SEIN.

ANSTATT ZU WILDERN...

... KOSTET VON MEINER KLINGE, IHR LUMPEN!

PESTBEULE!

!!

ARGHHн

WER HAT DEINEM WOLF DIE KEHLE DURCHGESCHNITTEN?

BANG

EIN FRANZISKANER. WIR WOLLTEN IHN NICHT AUSRAUBEN. ABER UNSER WOLF... HAT... NICHT GEHORCHT. ER IST LOSGESPRUNGEN... HAB IHN NOCH NIE SO RASEND GESEHEN... ER MUSS DAS BÖSE GEWITTERT HABEN.

ER HATTE NUR ZEIT, DEM PFERD INS BEIN ZU BEISSEN...

!?

TLAACC

ICH SCHÄTZE ES NICHT, EINEM SOLCHEN BLICK AUF MEINEN LÄNDEREIEN ZU BEGEGNEN.

UND ER VERLOCKT MICH NICHT, DIR KOST UND LOGIS ANZUBIETEN, DEINER KUTTE ZUM TROTZ.

VERZEIHT MEIN VERHALTEN, ABER ICH MUSSTE MICH UNTERWEGS SCHON SO OFT VERTEIDIGEN.

DIE KÄLTE UND DAS ELEND VERWANDELN SCHÄFCHEN IN BLUTRÜNSTIGE BARBAREN.

SCHLUSS MIT DEM GESCHWÄTZ, DU STROLCH!

WOHIN WILLST DU?

EHRLICH GESAGT, WEISS ICH ES NICHT SO GENAU. MAN ERZÄHLTE MIR VON EINEM KLOSTER, WO ICH UNTERKOMMEN KÖNNTE.
ICH KENNE DIE ABTEI, VON DER DU SPRICHST, DORT KANNST DU DICH AUSRUHEN.
SIE IST NAH GENUG, UM SIE VOR DER NACHT ZU ERREICHEN.
ZU FUSS!
DENN ICH BESCHLAGNAHME DEIN PFERD. ES IST ZU SCHWER VERLETZT.
VERFLUCHTES PAPISTEN-LUDER!
UND ES STELLT ZU VIEL NAHRUNG FÜR EINEN EINZELNEN MANN DAR, DESSEN BERUFUNG VERLANGT, SEINEM NÄCHSTEN ZU HELFEN.
ABER ICH LASSE DIR DIE TASCHE!
IHR LEDER WIRD DEINEN HUNGER BIS ZUM NÄCHSTEN MAHL STILLEN.
UND DU KANNST DIR DER DANKBARKEIT MEINER LEUTE FÜR DEINE GABE SICHER SEIN.

DREI MÄNNER UND DU, IHR GEHT MORGEN BEI TAGESANBRUCH ZUR ABTEI. WENN SICH DIESER ÜBLE KERL DORT AUFHÄLT, DANN VERJAGT IHN!

WAS ICH IN IHM SEHE, MACHT MIR ANGST...

WELCH FREVEL IST HIER GESCHEHEN, DASS ES DAZU KOMMEN MUSSTE?

ZUMINDEST GIBT ES KEINEN EINZIGEN AASGEIER MEHR, DER SIE AUFFRESSEN KÖNNTE.

WARTE MAL, BUCKLIGER!

MMH...

WAS IST HIER PASSIERT?

ES HEISST, SIE HÄTTEN DIESEM ARMEN REISENDEN DAS ANGETAN.

EINE TEUFELEI, HERR.

DURCHSUCHT DIE LEICHE!

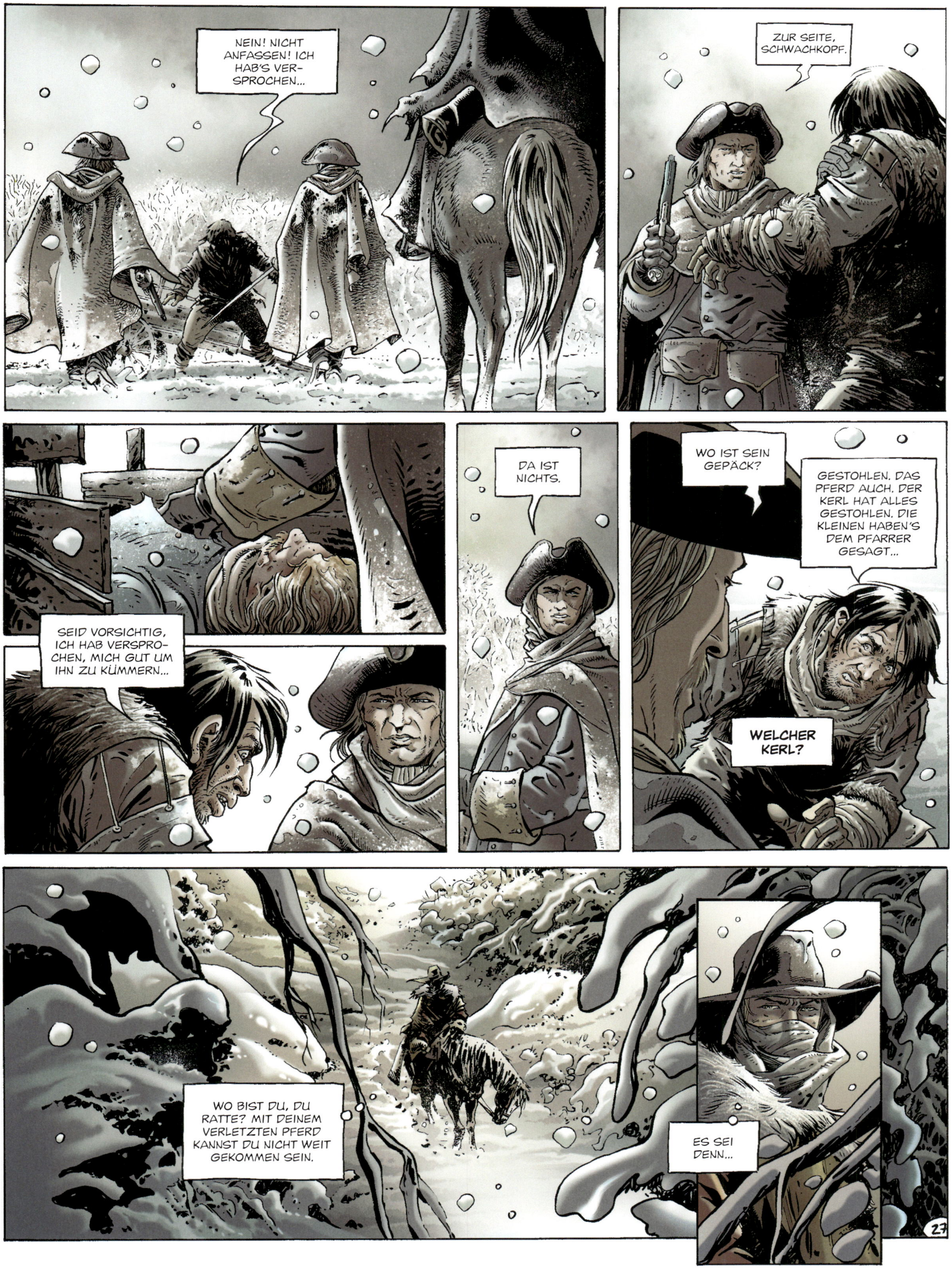
NEIN! NICHT ANFASSEN! ICH HAB'S VERSPROCHEN...
ZUR SEITE, SCHWACHKOPF.
SEID VORSICHTIG, ICH HAB VERSPROCHEN, MICH GUT UM IHN ZU KÜMMERN...
DA IST NICHTS.
WO IST SEIN GEPÄCK?
GESTOHLEN. DAS PFERD AUCH. DER KERL HAT ALLES GESTOHLEN. DIE KLEINEN HABEN'S DEM PFARRER GESAGT...
WELCHER KERL?
WO BIST DU, DU RATTE? MIT DEINEM VERLETZTEN PFERD KANNST DU NICHT WEIT GEKOMMEN SEIN.
ES SEI DENN...
27

ES SEI DENN, DU HAST EIN VERSTECK AUFGETRIEBEN.

HÜA!

VORWÄRTS, MEIN GROSSER! NOCH EIN PAAR SCHRITTE, UND WIR KÖNNEN UNS DEN BAUCH IM WARMEN VOLLSCHLAGEN.

LOS!

WER IST DA?
BLEIB STEHEN, FREMDER!
ICH BITTE UM GASTFREUNDSCHAFT FÜR DIE NACHT!
ÜBERGIB DIESES DOKUMENT DEM HERRN DIESES ORTES.
WARTET IM STALL. JEMAND WIRD EUCH HOLEN KOMMEN.
29

KEINE VERLETZUNG...

DAS MESSER VON GUILLAUME!

HERR...

IHR... IHR WERDET IM SCHLOSS ERWARTET.

JETZT WIRD MIR SO EINIGES KLAR.

DER KADAVER HATTE KEINE ZEIT ZU ERKALTEN.

WARTET HIER.

ARMER GREIS, DU HAST WEDER DAS ZEUG NOCH DIE ZÄHNE FÜR EINEN KANNIBALEN.

DIESE LEUTE SIND BAUERN, DIE AUF MEINEM LAND LEBEN. ICH BEHERBERGE SIE WÄHREND DIESES VERFLUCHTEN WINTERS.

ORIANE, GRÄFIN VON CHERBOISE.
>>HERR<< DIESES ORTES.
LOYS ROHAN, OHNE BESITZ UND TITEL.
ABER MIT EINEM KÖNIGLICHEN GELEITBRIEF IN DER TASCHE.
IHR SOLLTET VORSICHTIGER SEIN, BEVOR IHR IHN ZEIGT. NICHT ALLE BRINGEN DEM SIEGEL UNSERES GUTEN LUDWIG DIESELBE ACHTUNG ENTGEGEN.
HM. UND ICH HABE GEGLAUBT, DASS DIE VERSCHWÖRER JEGLICHER ART IHRE AUFSÄSSIGKEIT ENDGÜLTIG GEGEN SEIDENSTRÜMPFE, MOTTENZERFRESSENE PERÜCKEN UND DURCH KRIECHERTUM ERWORBENE PRIVILEGIEN EINGETAUSCHT HÄTTEN.
AUSSERDEM WEISS ICH NICHT, WARUM ICH GEGENÜBER EINER PERSON MISSTRAUISCH SEIN SOLLTE, DIE SO GROSSZÜGIG ZU IHREN LEIBEIGENEN IST.
IHREN LEIBEIGENEN?! WELCH VERALTETER AUSDRUCK!
WAS MEINE GROSS-ZÜGIGKEIT ANGEHT, IST SIE VÖLLIG NATÜRLICH UND UNTERLIEGT KEINERLEI ETIKETTE. WIR SIND HIER NICHT BEI HOFE, DESSEN SITTEN EUCH GELÄUFIGER ZU SEIN SCHEINEN ALS MIR!
TROTZDEM, NUR WENIGE WÜRDEN IHRE LETZTEN PFERDE OPFERN, UM ALL DIESE LEUTE ZU ERNÄHREN...
DAMIT VERHÄLT ES SICH EBENSO EINFACH, MONSIEUR. DIESES TIER HATTE EIN GEBROCHENES BEIN, WIR MUSSTEN ES SCHLACHTEN.
33

IHR LÜGT. DIESES PFERD HATTE EINE TIEFE BISSWUNDE. AUSSERDEM GEHÖRTE ES EUCH NICHT.
WIE AUCH IMMER. MICH INTERESSIERT NUR SEIN VERMEINTLICHER BESITZER. BEHERBERGT IHR IHN?
WAS IST DIESER MANN FÜR EUCH?
FREUND ODER FEIND?
EIN MANN, DEN ICH TÖTEN WERDE UND DER MIR VIER LEBEN SCHULDET.
UND DER EINE BOTSCHAFT BESITZT, DIE GOLD WERT IST ODER ABER MEINEN KOPF, WENN ICH SIE NICHT BINNEN ACHTUNDVIERZIG STUNDEN WIEDERBEKOMME.
WARTE NUR, DU DRECKIGE ARISTOKRATIN...
WENN DAS SO IST, KÖNNEN WIR DIE GANZE NACHT DARÜBER REDEN UND DABEI UNSERE WAFFEN PUTZEN.
DU KOMMST AUCH NOCH DRAN, DU UND DEINE VERFLUCHTEN LÄNDEREIEN...
34

MORGEN BRINGE ICH EUCH ZU IHM.

MEINT IHR WIRKLICH, DASS IHR EUCH IN DIESER ERBSENSUPPE ZURECHTFINDET?

UNBEDINGT. MEIN BRUDER UND ICH LIEBTEN ES, AUF SCHWIERIGE JAGDPARTIEN ODER KNIFFLIGE SCHATZSUCHE ZU GEHEN.

ICH HABE SCHNELL GELERNT, MICH BLIND IN EINEM UMKREIS VON ZWANZIG MEILEN ZU JEDER JAHRESZEIT UND BEI JEDEM WETTER ZU ORIENTIEREN.

UND EUER BRUDER...

MACHT EUCH KEINE SORGEN, SEINE ERLAUCHT DER HERR GRAF WIRD NICHTS VON EUREM INTERESSE AN MADAME ERFAHREN.

DERZEIT TREIBT ER SICH IRGENDWO IN INDIEN RUM.

VON DER ANHÖHE AUS KANN MAN DIE ABTEI SEHEN.

ANSCHEINEND BEFINDET SICH EUER MÖRDER NOCH DORT.

MEIN GEFÜHL IN BEZUG AUF DIESEN MÖNCH HAT MICH NICHT GETÄUSCHT. ABER NIE HÄTTE ICH MIR DIESE SCHEUSSLICHKEITEN AUSGEMALT, VON DENEN IHR MIR LETZTE NACHT BERICHTET HABT.

DIESE SCHLANGE VERDIENT ES, DASS MAN IHR DIE KEHLE DURCHSCHNEIDET.

WENN EUCH DIE IDEE EINER EXEKUTION OHNE PROZESS NICHT BEHAGT, RATE ICH EUCH AB, MIR ZU FOLGEN.

WARTET! DA KOMMT JEMAND!

TEUFEL AUCH! DIESES LAND KREPIERT VOR KÄLTE, UND DOCH SCHEINEN ALLE DRAUSSEN UNTERWEGS ZU SEIN.

AUF MEINEM WEG!

MEINE HERREN, MIT DREI GEGEN EINEN DÜRFTE DIE SACHE IN EINER HALBEN STUNDE GEREGELT SEIN.

?!

!

BLAM BLAM

* REFUGIUM: LÄNDER (U. A. SCHWEIZ, NIEDERLANDE, ENGLAND), IN DIE SICH DIE VERFOLGTEN HUGENOTTEN NACH DER WIDERRUFUNG DES EDIKTS VON NANTES DURCH LUDWIG XIV. 1685 FLÜCHTETEN.

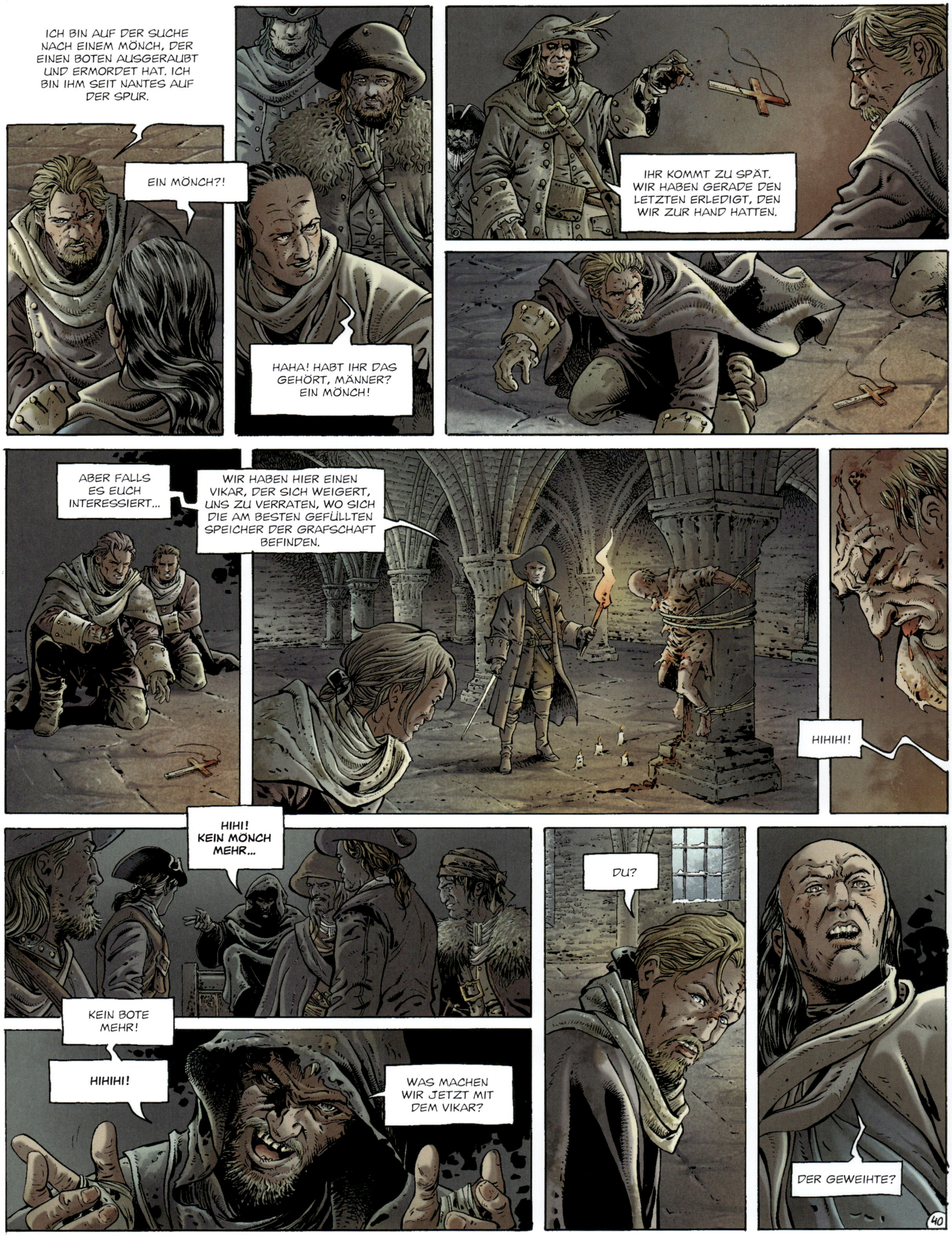
ICH BIN AUF DER SUCHE NACH EINEM MÖNCH, DER EINEN BOTEN AUSGERAUBT UND ERMORDET HAT. ICH BIN IHM SEIT NANTES AUF DER SPUR.
EIN MÖNCH?!
HAHA! HABT IHR DAS GEHÖRT, MÄNNER? EIN MÖNCH!
IHR KOMMT ZU SPÄT. WIR HABEN GERADE DEN LETZTEN ERLEDIGT, DEN WIR ZUR HAND HATTEN.
ABER FALLS ES EUCH INTERESSIERT...
WIR HABEN HIER EINEN VIKAR, DER SICH WEIGERT, UNS ZU VERRATEN, WO SICH DIE AM BESTEN GEFÜLLTEN SPEICHER DER GRAFSCHAFT BEFINDEN.
HIHIHI!
HIHI! KEIN MÖNCH MEHR...
KEIN BOTE MEHR!
HIHIHI!
WAS MACHEN WIR JETZT MIT DEM VIKAR?
DU?
DER GEWEIHTE?
40

ARGH!

HIHIHI!

IHR SEID AN DER REIHE, MADAME.

44

MEIN GOTT, WER HAT ...

ALLMÄCHTIGER, VERZEIH IHNEN, VERZEIH UNS, IN DEINEM NAMEN...

... ZU TÖTEN...

GIB DAS HER, DUMMKOPF!

?!

UND ZIEH DIESE VERDAMMTE KUTTE AUS!

RAVEL!

DREH DICH UM!

* KAMISARDEN: PROTESTANTEN (HUGENOTTEN) AUS DEN CEVENNEN, DIE ZWISCHEN 1702 UND 1705 EINEN BEWAFFNETEN AUFSTAND GEGEN DAS REGIME WAGTEN, ALS REAKTION AUF DIE VERFOLGUNG, DER SIE SEIT DEM WIDERRUF IHRER GLAUBENSFREIHEIT 1685 AUSGESETZT WAREN.

»DAS IST MIT SICHERHEIT DER VON VALESCURE EINGESCHLAGENE WEG. DIE BOTSCHAFT VON GUILLAUME DARF AUF KEINEN FALL IN SEINE HÄNDE GELANGEN.«

GEH AUF MEIN ANGEBOT EIN. ES WIRD EUCH BIS ZUM ENDE DES KRIEGES SCHÜTZEN. FRANKREICH IST IM BEGRIFF, IHN ZU VERLIEREN, UND DIESER WINTER SCHWÄCHT ES NOCH MEHR.

BALD WERDEN DIE BOURBONEN NICHT MEHR IN DER LAGE SEIN, DIE KLEINSTE KLAUSEL, DEN KLEINSTEN VERTRAG ZU VERHANDELN. DER FRIEDEN WIRD ALLEIN ZU DEN BEDINGUNGEN DER SIEGER UNTERZEICHNET WERDEN. UND DAS LOS DER REFORMIERTEN IM REICH WIRD EINE DAVON SEIN.

LÜGE! DIESE GAUNER KÜMMERN SICH LEDIGLICH UM DIE AUFTEILUNG DER KARTEN UND IHRE EIGENEN INTERESSEN. SOBALD DIESE BEFRIEDIGT SIND, WERDEN SIE SICH ZU TISCH SETZEN UND UNSERE FREIHEIT UNTER IHREN FETTEN HINTERN BEGRABEN!

UNSER ÜBERLEBEN ERFORDERT DEN TOTALEN SIEG DURCH FEUER UND BLUT!

WIR SIND DAZU BERUFEN, UNTER UNSEREN SCHRITTEN DAS EIS BIS NACH VERSAILLES ZUM SCHMELZEN ZU BRINGEN.

DER GEIST FÜHRT UNS! DIE HEILIGE SCHRIFT LENKT UNSERE REINEN SEELEN!

»UNTERWEGS WERDE ICH IN DEN HERZEN DER NACHKOMMEN DER BEKEHRTEN DEN SCHMERZ DER DRAGONADEN* NEU ENTFACHEN UND SIE IN DEN KAMPF FÜHREN...«

ICH WERDE MEINERSEITS DIE UNGLÄUBIGEN ABSCHWÖREN LASSEN UND DIE UNTERDRÜCKER, DIE STILLEN KOMPLIZEN UND DIE DENUNZIANTEN RÄDERN UND KÖPFEN.

UND AUF »BUNDESGENOSSEN« KANN ICH VERZICHTEN!

»ICH WERDE EINE NACH GERECHTIGKEIT DÜRSTENDE ARMEE AUFSTELLEN, ICH WERDE DEN MÜTTERN IHRE NEUGEBORENEN NEHMEN, BEVOR EIN PFAFFE IHRE STIRN MIT DEM DAUMEN BERÜHRT.«

*DRAGONADEN: DIE SYSTEMATISCHE VERFOLGUNG DER PROTESTANTEN NACH DER AUFHEBUNG DER GLAUBENSFREIHEIT.

DU DIENST NICHT MEHR DEM HERRN, DEINEM GLAUBEN ODER DEINEN LEUTEN, VALESCURE DER WEISSAGER. DU BIST NUR NOCH EIN SKLAVE DES CHAOS UND DES NICHTS...
EIN FANATIKER.
MORGEN TREFFE ICH DAS GROS MEINER TRUPPEN. ABER BEVOR ICH ZUR OFFENSIVE ÜBERGEHE, KÜMMERN WIR UNS UM DEINE MISSION, RAVEL.
ERZÄHL UNS EINFACH VON DIESER BERÜHMTEN BEUTE...
LOS GEHT'S!
AARGHH
BLAM!
?!
46

BANG

DA IST ER...

ICH WERDE DICH LANGSAM KREPIEREN LASSEN, MÖNCH, MIT GRÜSSEN VON GUILLAUME.

AARGHH

STIRB NICHT SOFORT, NICHT BEVOR DU UNS ZUM SCHATZ GEFÜHRT HAST.

ES SEI DENN, DU WILLST IHN LIEBER DIESER ZECKE VON LUDWIG AUSLIEFERN.

SAG MIR ERST, WO DIE TASCHEN SIND, DIE DU IHM GESTOHLEN HAST, NACHDEM DU SEIN FLEISCH GEFRESSEN HAST...

»DIE MÄNNER SIND BESORGT, TEGUISE. SIE FÜRCHTEN, DASS DAS EIS UNS EINSCHLIESST.«

»UND SEIT WANN PISST SICH MEINE MANNSCHAFT WEGEN EIN PAAR EISBROCKEN IN DIE HOSE?«

»SEIT UNS DIES ZU EINER ERSTKLASSIGEN ZIELSCHEIBE FÜR DIE ENGLISCHE FLOTTE MACHEN KÖNNTE.«

WIR SIND NAH DARAN, MIT DIESEM WEIZEN EIN VERMÖGEN EINZUSACKEN. ABER DU HAST RECHT, DIE SITUATION IST KRITISCH.

WENN UNS DAS EIS NOCH MEHR BEDROHT, STECHEN WIR IN SEE, TROTZ DER FRIST, DIE WIR ROHAN EINGERÄUMT HABEN...

FORTSETZUNG FOLGT...

Buch 1
ISBN: 978-3-95839-330-1

Der Abschlussband ist in Vorbereitung:
Buch 2
ISBN: 978-3-95839-331-8

Weitere Veröffentlichungen:

Sergeef
Down Under | Glénat
Dixie Road | Glénat

Xavier
Conquistador | Splitter
Kreuzzug | Splitter
Das verlorene Paradies | Splitter

Nathalie Sergeef

Philippe Xavier

SPLITTER Verlag
1. Auflage 07/2016
© Splitter Verlag GmbH & Co. KG · Bielefeld 2016
Aus dem Französischen von Tanja Krämling
HIVER 1709: LIVRE 1
Copyright © Editions Glénat 2015, by Philippe Xavier & Nathalie Sergeef
All rights reserved
Bearbeitung: Martin Budde und Delia Wüllner-Schulz
Lettering: Heidrun Imo
Covergestaltung: Dirk Schulz
Herstellung: Horst Gotta
Druck und buchbinderische Verarbeitung:
AUMÜLLER Druck / CONZELLA Verlagsbuchbinderei
Alle deutschen Rechte vorbehalten
Printed in Germany
ISBN: 978-3-95839-330-1

Weitere Infos und den Newsletter zu unserem Verlagsprogramm unter:
www.splitter-verlag.de

News, Trends und Infos rund um den deutschsprachigen Comicmarkt unter:
www.comic.de
Verlagsübergreifende Berichterstattung mit vielen Insiderinformationen und Previews!